MW01247350

MACPHERSON

MAGAZINE chefs

RECETA CARRILLERAS DE CERDO IBÉRICO EN SALSA DE OPORTO

Mer Bonilla

UN LIBRO MACPHERSON MAGAZINE

https://macphersonmagazineeditorial.com

Título original: Macpherson Magazine Chef's - Receta Carrilleras de cerdo ibérico en salsa de Oporto
Receta de: Mer Bonilla

MACPHERSON MAGAZINE

DISEÑO Macpherson Magazine   DIRECTOR ARTÍSTICO Macpherson Magazine

JEFE EDITORIAL Macpherson Magazine DIRECTOR EDITORIAL Javier Rodríguez Macpherson

CONTROL DE PRODUCCIÓN
Macpherson Magazine

MACPHERSON MAGAZINE

EDITOR ARTÍSTICO Macpherson Magazine
EDITOR EJECUTIVO Macpherson Magazine

Publicado originalmente en España en 2019 y revisado en 2019.
Esta edición: publicada en 2019 por
Macpherson Magazine, Barcelona

Carrilleras de cerdo ibérico en salsa de Oporto, receta para Taurus Mycook Touch

¿Quién ha dicho que cocinar en casa unas carrilleras de cerdo ibérico en salsa que queden melosas es complicado? Con el nuevo Taurus Mycook Touch es un juego de niños.

🍲 **Preparación:** 10 min		🥚 **Cocción:** 1 h 5 min	
🕐 **Total:** 1 h 15 min		👤 **Comensales:** 4	
⚖️ **Calorías:** 459		🍽️ **Tipo de comida:** Principal	
👨‍🍳 **Tipo de cocina:** Española			

El nuevo robot de cocina permite preparar multitud de recetas de forma sencilla, tanto recetas de toda la vida como estas carrilleras de cerdo ibérico en salsa de Oporto, que podemos cocinar con resultados de profesional sin nada más que seguir las sencillísimas instrucciones de la receta. Además, gracias también nos ofrece la posibilidad de preparar recetas guiadas siguiendo los pasos que nos aparecen en la pantalla táctil.

Ingredientes

- Carrilleras de cerdo ibérico limpias y sin huesos, 800 g
- Zanahorias, 3
- Cebollas, 2
- Ajo, 4 dientes pelados
- Aceite de oliva virgen extra, 60 ml
- Pimentón dulce, 1/2 cucharada
- Vino de Oporto, 200 ml
- Harina de trigo, para rebozar
- Sal y pimienta, al gusto

01: Preparar el sofrito

Ponemos el aceite en la jarra del robot, cerramos la tapa y programamos la función **Sofrito** durante **un minuto a 110ºC**.

Añadimos las zanahorias peladas, cerramos la tapa y las sofreímos programando la función **Sofrito** durante **tres minutos a 110ºC**.

Finalmente, añadimos los dientes de ajo y las cebollas peladas y cortadas en cuartos. Cerramos la tapa y programamos la función **Sofrito** durante **seis minutos a 110ºC**.

02: Añadir las carrilleras

Secamos bien las carrilleras con papel de cocina. Las salpimentamos al gusto. Las pasamos por harina de trigo y sacudimos el exceso.

Colocamos la paleta mezcladora, añadimos las carrilleras a la jarra, cerramos la tapa y programamos **cinco minutos a velocidad 1 y 110ºC** de temperatura.

03: Añadir líquidos

Para terminar de guisar nuestras carrilleras, añadimos el pimentón, el vino de Oporto y sal y pimienta al gusto.

Colocamos la tapa, retiramos el vaso dosificador para que se pueda evaporar el alcohol. Para evitar salpicaduras podemos colocar el cestillo en posición invertida sobre la tapa. Programamos **50 minutos a 100ºC y a velocidad 2**. Dejamos reposar durante 15-20 minutos antes de servir.

04: Servir

Cuando las carrilleras estén listas podemos servirlas inmediatamente acompañadas de alguna guarnición sencilla como unas patatas fritas, hervidas o en puré, un arroz blanco o, si buscamos una opción menos calórica, una menestra de verduras. Si no las vamos a consumir en el momento, podemos dejarlas enfriar y conservarlas en tápers durante cuatro o cinco días en la nevera o durante varias semanas en el congelador.

Sobre el Taurus Mycook Touch

Nunca antes había sido tan fácil cocinar y lo habéis podido comprobar con esta deliciosa receta de carrilleras de cerdo ibérico.

El robot de cocina de Taurus, permite cocinar de forma eficaz, sabrosa, saludable y versátil gracias a sus altas prestaciones.

Este robot lleva wifi integrado de forma que se puede acceder gratuitamente a más de 7000 recetas guiadas y en constante aumento gracias a las recetas publicadas por los propios usuarios del club MyCook. Se trata del único robot de este tipo que cocina por inducción hasta 140°C y eso le permite mantener el auténtico sabor mediterráneo de los alimentos. Todo en uno; moler, pulverizar, picar, rallar, triturar, trocear, emulsionar, montar, amasar, sofreír, cocer al vapor… También puede pesar los alimentos en el vaso.

Además, dispone de un accesorio especialmente diseñado para la cocción al vapor, lo que permite la elaboración de platos muy saludables.

La Editorial Macpherson Magazine trae un nuevo libro, pero esta vez un libro de recetas o guía. Para poder hacer Carrilleras de cerdo ibérico en salsa de Oporto, se mostrara paso a paso y con fotografías. Macpherson Magazine a partir de ahora, lanzará un libro de recetas de cada comida.

CPSIA information can be obtained at www.ICGtesting.com
Printed in the USA
LVIW010959231019
634940LV00016B/106